경제부 기자가 들려주는

생생 경제 이야기

기업과 국가 경제 | 이익 배분

회사에 대해 알고 있나요?

정남구 지음　원현진 그림

제 몸에는 암호가 쓰여 있답니다.

제 이름은 '붕붕'이랍니다. 제가 붙인 이름이지요.

사람들은 저를 자동차라고 불러요.

승용차라고 부르는 게 더 정확하답니다.

몇몇 사람을 태워 옮기는 자동차란 뜻이지요.

저는 태어난 지 이제 2년쯤 됐어요.

제 고향이 어디인지는 제 몸에 암호 같은 숫자로 쓰여 있답니다.

어떻게 설명해야 할지 잘 모르겠는데,

어쨌든 엄청나게 큰 공장에서 태어났지요.

 ## 바코드를 찾아보세요

슈퍼마켓이나 할인점에서 물건을 사고 계산을 할 때 보면, 점원이 물건에 붙어 있는 막대기 모양으로 인쇄된 부분에 빨간빛이 나는 기계를 가져다 대지요. 그러면 삐 소리가 나고 계산이 자동으로 이뤄집니다. 막대기 모양으로 생긴 그 부호가 바로 바코드라는 거예요. 바코드에는 제품을 만든 회사와, 만든 때, 가격 등의 정보가 담겨 있답니다. 출생증명서라고 할 수 있겠죠.

저는 수많은 부품으로 만들어졌어요.

저는 수많은 부품으로 만들어졌어요. 엔진, 바퀴, 의자, 유리창,
거울 같은 것들이죠. 그 부품들은 모두 다른 **공장**에서 만들어졌는데,
마지막에 저를 만든 큰 공장으로 실려 왔지요.

공장엔 수많은 기계들이 있어요.
사람들이 기계를 조종하지요.

하지만 기계들이 저절로 움직여 제 몸을 치장하는 경우도 많답니다.
기계를 거치면서, 몇 만 개의 작은 **부품**이 제 몸 곳곳에 들어왔어요.
그렇게 저는 **자동차**가 되었지요.

지금 주인님의 손에 넘겨지기 전,

저는 한동안 공장의 주차장에 서 있었어요.

어느 날, 자동차를 싣고 다니는 큰 자동차에 실렸답니다.

그 차는 고속도로를 딜리고 달려, 저를 어느 도시 안에 있는

건물 앞에 내려놓았지요.

그곳은 대리점이란 곳이었어요.

저는 진열장에 며칠을 서 있었어요.

손님들이 찾아와서 제 몸 곳곳을 살펴보곤 했어요.

의자에 앉아 시동을 걸어 보기도 했지요.

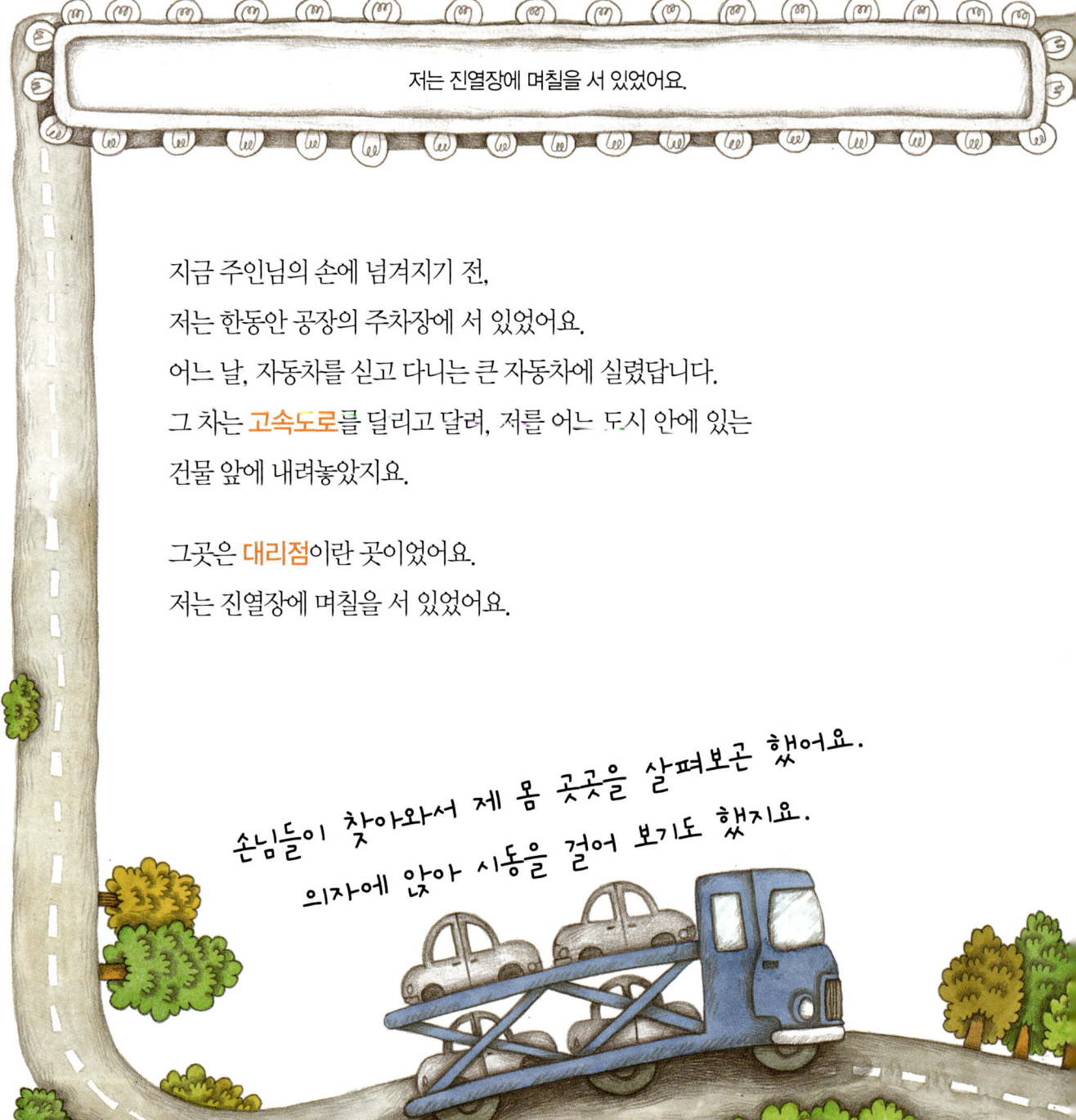

6

대리점에서 파는 제품은 뭐가 있나요?

대부분의 상품은 백화점, 할인점, 슈퍼마켓 등에서 쉽게 살 수 있지요. 하지만 자동차는 대리점에 가서 사야 합니다. 값이 아주 비싼 제품을 파는 업체들은 대리점에서 물건을 팔지요. 전자제품 회사들도 백화점이나 할인점에 물건을 대 주면서, 따로 대리점을 운영하는 경우가 많아요.

7

어느 날 지금의 주인님이 와서 저를
집으로 운전해서 데려갔어요.
물론 **값**을 치렀겠지요.
그날부터 저는 날마다 주인님을
집에서 **회사**로 태워다 주고 있습니다.

한국 자동차 주식회사

주인님의 회사를 처음 가던 날 저는 깜짝 놀랐어요.
바로 제가 태어난 그 공장이었기 때문이에요.

공장 입구에 '한국 자동차 주식회사'라고
큰 글씨로 쓰여 있었죠.

**왜 회사 이름에는 주식회사가
붙을까요?**

회사가 어떻게 만들어졌는지를 보여
주기 위해서랍니다. 주식회사는 주식
을 찍어 여러 사람에게 판 돈으로 만든
회사랍니다. 큰 회사를 만들 때 한 사람
이 투자를 하면 돈을 마련하기가 어렵
기 때문이지요. 오늘날 회사는 대부분
주식회사랍니다. 하지만 유한회사, 합
명회사, 합자회사도 있기는 하지요.

제가 더욱 깜짝 놀란 것은 사람들이 주인님을
사장님이라고 불렀기 때문이에요.

사장님은 그 회사의 중요한 일을 결정하는
가장 높은 자리에 있는 사람이라는군요.

저는 사장님이 그 회사 주인인 줄 알았어요.
그런데 아니라는군요.
회사의 주인은 주주들이래요.

 **사장님도 월급쟁이**

주식회사에는 이사들이 있어요. 이사는 회사의 중요한 일을 결정하는 사람들이에요. 결정을 잘 못 내리면 주주들에게 책임을 져야 한답니다. 이사들의 대표가 대표이사예요. 대표이사가 대체로 사장을 맡는답니다. 회사가 번 돈을 어디에 쓸 것인지는 주주들이 모인 주주총회에서 결정한답니다. 사장님은 월급을 받을 뿐이랍니다.

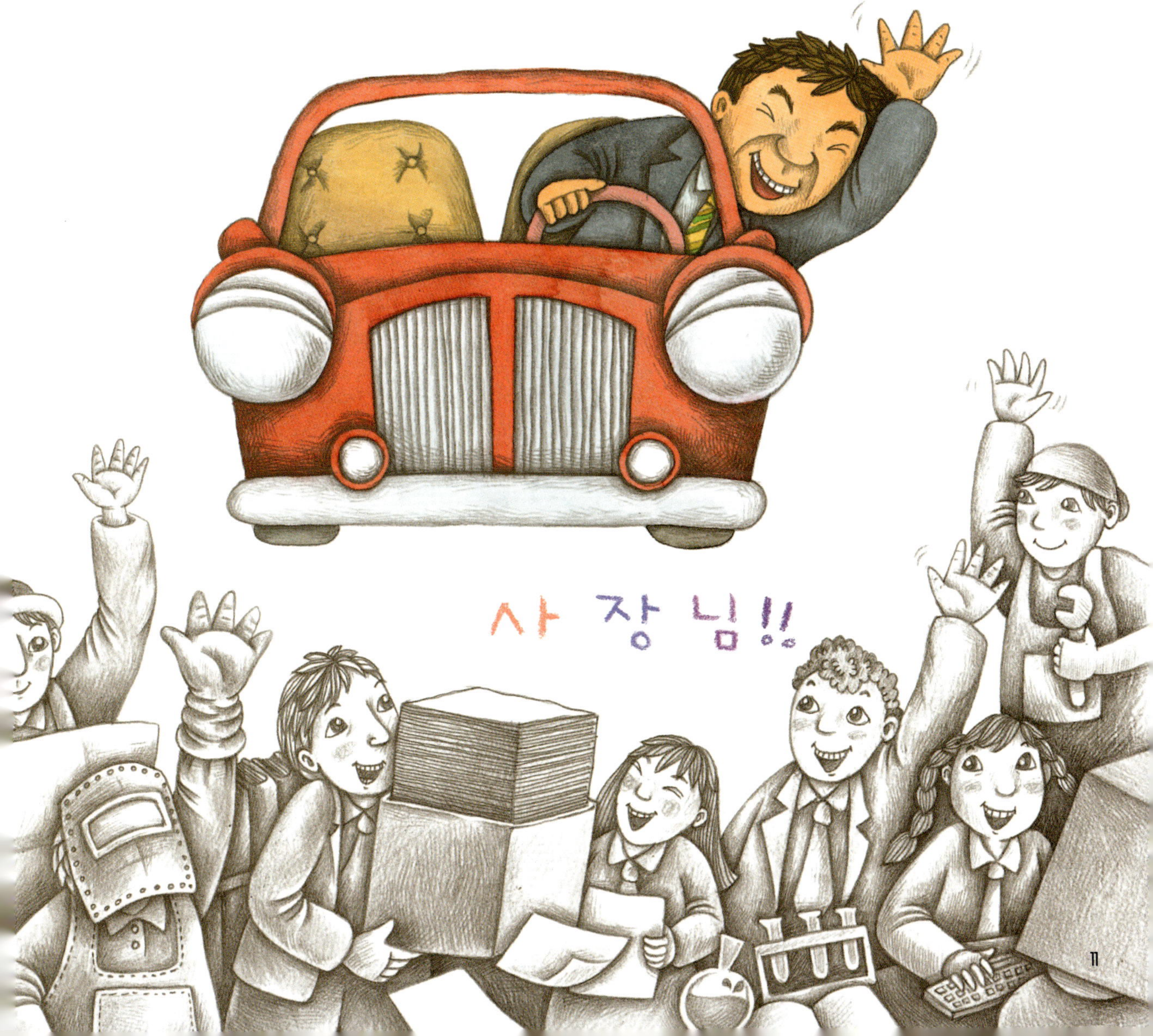

사 장 님!!

돈을 낸 사람을 주주라고 한답니다.

주식회사는 여러 사람이 돈을 모아 만든 회사래요.
돈을 낸 사람을 주주라고 한답니다.
돈을 많이 낸 사람도 있고, 적게 낸 사람도 있는데,

돈을 낸 만큼 주식을 나눠 준다고 합니다.
회사 일을 결정할 때, 주식이 많은 사람은
투표권을 그만큼 많이 갖는답니다.

제 주인님은 사장님인데, 주주이기도 한가 봐요.
주주 가운데 주식을 가장 많이 갖고 있대요.
이건 다 주인님과 다니며 듣게 된 얘기죠.

한국자동차주식회사

주주총회에서 안건을 통과시키려면

학급 회의에서는 어떤 안건에 과반수가 찬성하면 그렇게 하기로 결정을 내리지요. 주주들의 모임인 주주총회에서는 사람 수를 세지 않고, 갖고 있는 주식 수를 센답니다. 대개 회의에 참석한 주주들의 주식 수에 따라(과반수 찬성) 안건을 통과시켜요. 아주 중요한 결정은 3분의 2가 찬성해야 돼요.

주주들이 낸 돈으로 부품을 산답니다.

사장님은 주주들이 낸 돈으로
공장을 짓고 기계들을 샀답니다.
그리곤 자동차를 만들기 위해 부품을 사고,
일부 부품은 직접 공장에서 만들기도 했어요.
사람들을 고용해서 그 부품들을 조립해 저 같은
자동차들을 만들고 있답니다.

경제 알면 재미있어요

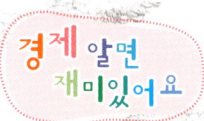

투자가 뭐예요?

돈을 벌기 위해 공장을 짓고, 기계를 사들이는 것을 투자라고 한답니다.
기업들이 투자를 해야 일자리가 많이 생기지요.

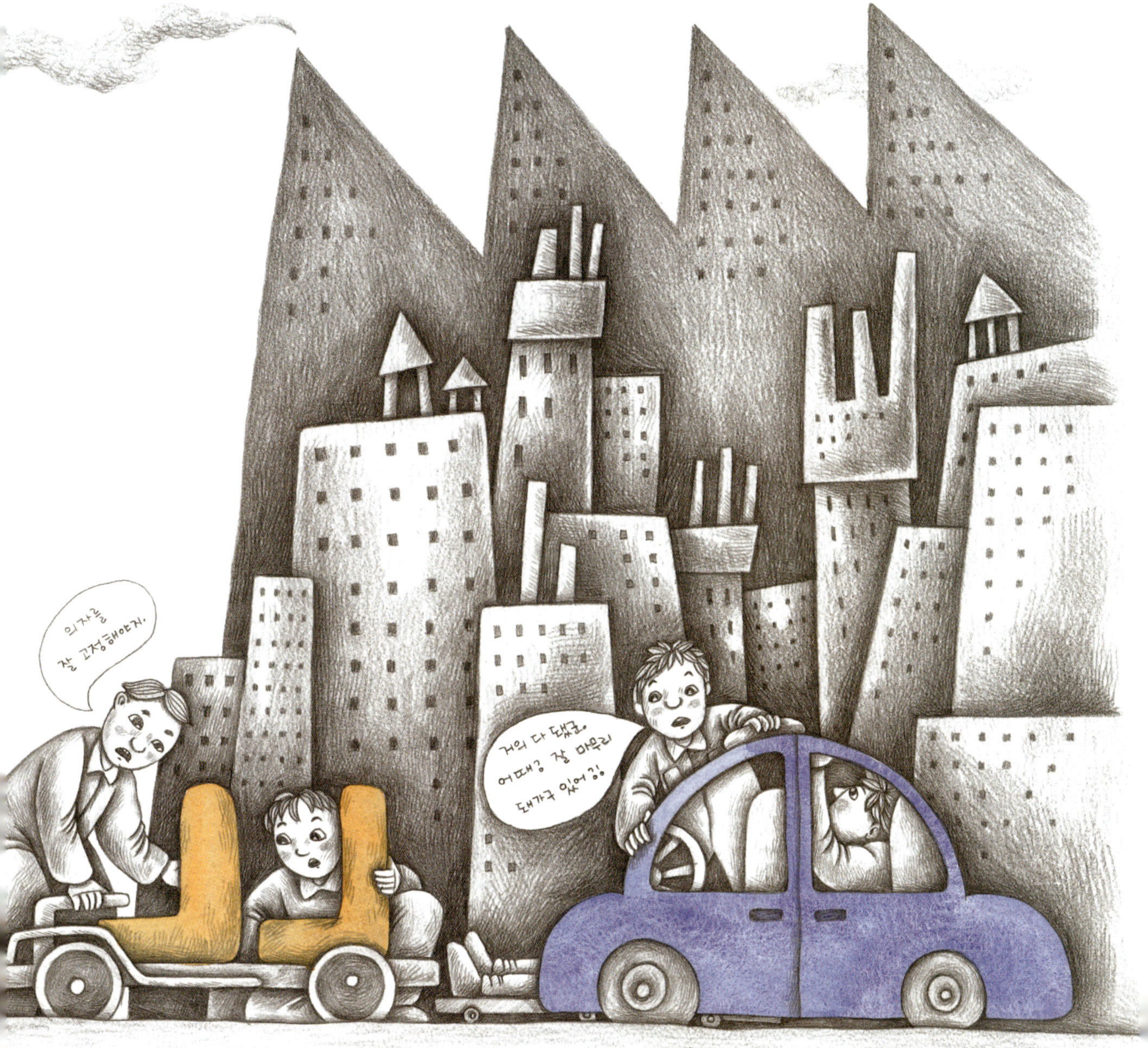

자동차를 팔기 위해 연구하는 사람도 있어요.

사장님 회사에는
물건을 만드는 직원만 있는 게 아니랍니다.
새 자동차를 설계하는 사람도 있고,
직원들을 관리하는 사람도 있고,
자동차를 많이 팔기 위해 이런저런 연구를
하는 사람도 있지요.

우리나라에서 가장 큰 자동차 회사는?

1967년 설립된 현대자동차예요. 지금은 국내 공장(울산 · 아산 · 전주) 기준 한해 186만 대를 생산할 능력을 갖춘 세계적인 자동차 회사랍니다. 직원 수는 생산직, 판매영업직, 관리직을 모두 합해 6만 8천여 명에 이른답니다.

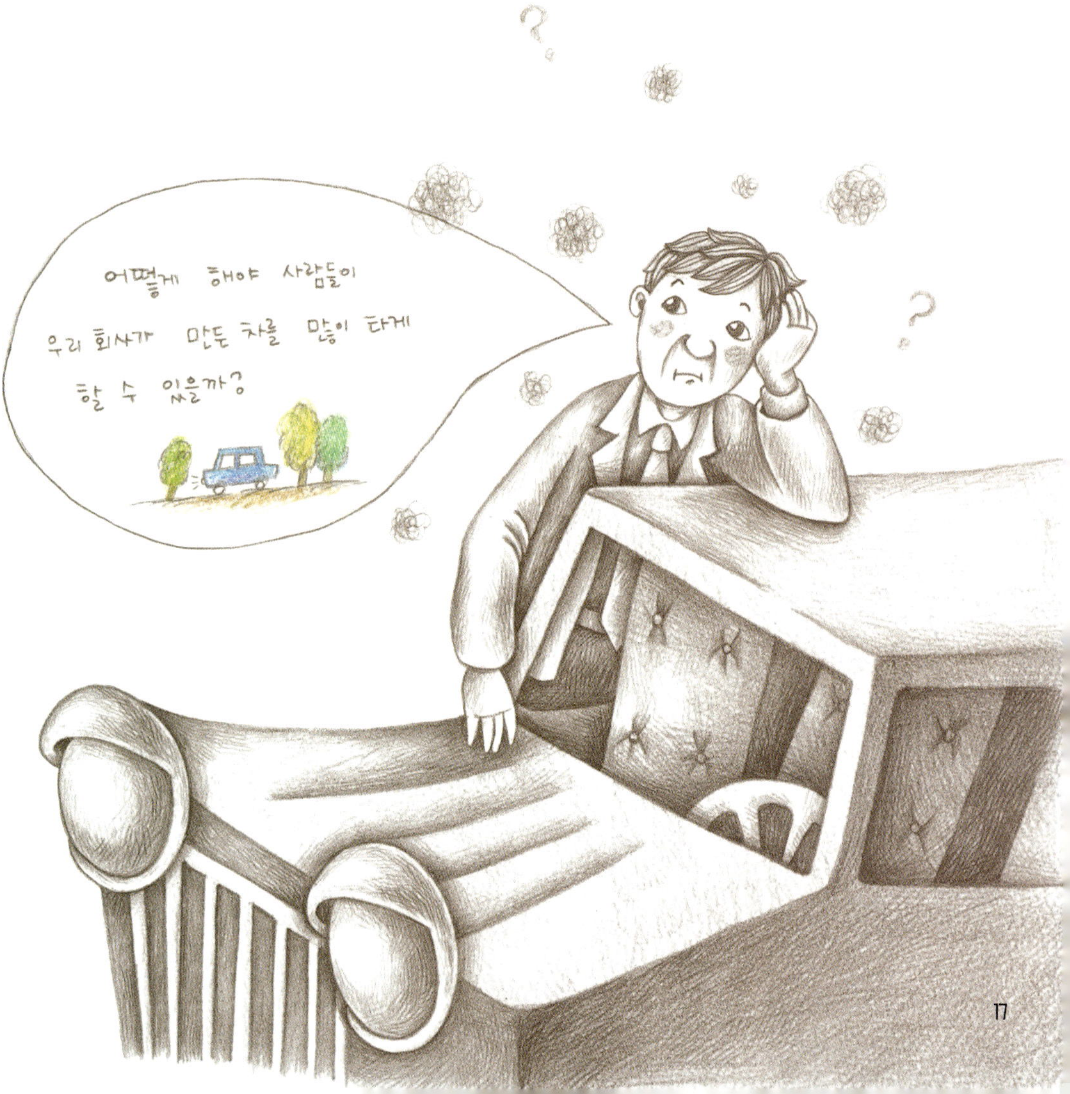

돈이 많이 남으면 사장님은 기뻐하지요.

사장님은 자동차를 판 돈에서
회사 직원들 **월급**도 주고,
다른 공장에서 사 온 **부품 값**도 치른답니다.

임금은 어떻게 결정할까요?

월급이나 상여금을 **임금**이라고 해요. 임금은 회사가 일방적으로 정하는 것이 아니랍니다. 종업원들과 협상을 해서 계약을 맺지요. 노동자들은 **노동조합**이란 모임을 만들 수 있답니다. 노동조합이 종업원들을 대표해서 협상에 나섭니다. 노동조합은 임금을 높여 달라고 요구해서 회사 쪽이 들어주지 않으면 **파업**을 하기도 한답니다. 파업이란 일을 하지 않고 공장을 놀리는 거랍니다.

세금도 내지요.

그리고도 돈이 많이 남으면 사장님은 기뻐하지요.

주주들이 모여 여는 회의를 주주총회라고 하지요.

기계 구입

남은 돈은 주주들이 모여 어디에 쓸지 결정한답니다.

주주들이 모여 여는 회의를 주주총회라고 하지요.

주주들은 이익이 많으면, 그중 일부를 나눠 갖는답니다.

나머지는 회사를 더 크게 하는 데 쓰기로 하지요.

건축

라디오 광고

학교 장학금

경제 알면 재미있어요 배당이 뭐예요?

회사가 일 년 동안 벌어들인 돈의 일부를 주주들에게 나눠 주는 것을 배당이라고 한답니다. 물론 적자를 내면 배당을 할 수 없지요. 평균해서 볼 때 기업들은 벌어들인 돈의 4분의 1가량만 배당을 하고 나머지는 회사가 계속 갖고 있답니다. 왜 벌어들인 돈을 다 배당하지 않고 회사에 남겨 두는 것일까요? 그 돈으로 더 많은 투자를 해서 더 많은 돈을 벌기 위해서지요.

회사는 은행에서 돈을 빌려 쓰기도 하지요.

22

법인

주식회사는 '법인' 이에요. 법인이란 사람은 아니지만 법적으로는 사람 대접을 받는답니다. 그래서 법인은 재산을 가질 수 있고, **법인 이름으로 돈을 빌릴 수도 있답니다.**

주주들은 때때로 회사에 투자금을 더 내는 경우도 있어요.

큰 공장을 더 짓기 위해 돈이 필요한 경우도 있거든요.

이런 때 회사는 은행에서 돈을 빌려 쓰기도 하지요.

회사가 돈을 벌지 못하고 빚만 계속 지면

그때도 주주들이 나서서 돈을 다시 모으는 경우가 있답니다.

경제 알면 재미있어요 증자가 뭐예요?

회사는 새로 투자할 때 그동안 벌어들인 돈을 씁니다. 그 돈으로 모자라면 은행 같은 금융기관에서 돈을 빌려요. 아니면 빚 증서를 만들어 팔아 돈을 모읍니다. 주주들에게 투자금을 더 걷기도 해요. 주주들에게 돈을 모으는 것을 '**증자**' 라고 한답니다.

사려는 사람이 적으면 주차장에 차가 쌓인답니다.

어떤 때 회사가 어렵냐구요?

공장에서 자동차를 많이 만들어도

사려는 사람이 적으면 주차장에 차가 쌓인답니다.
그런 때를 경기가 나쁘다고 하지요.

그런 때는 공장의 기계들이 자주 놀게 된답니다.

직원들도, 사장님도 한숨을 내쉬게 되지요.

사장님은 직원들이랑 의논해서, 자동차 값을 깎아 팔기도 해요.

공장에서 일하던 사람들이 회사를 떠나는 일도 생긴답니다.

25

사장님도 웃음이 그치질 않았습니다.

얼마 전엔 깜찍한 모양의 새 차가 나왔는데요.

엄청나게 인기가 높았대요.

주식회사가 문을 닫게 되면 주주들은 어떻게 될까요?

회사 재산을 정리해 빚을 갚고도 재산이 남으면, 주주들에게 나눠 줍니다. 주식을 많이 갖고 있는 사람에게는 많이 주고, 적게 가진 사람은 적게 주죠. 회사가 빚을 다 갚지 못해도 주주들이 그 빚을 떠안지는 않습니다. 돈을 빌려 준 사람이 떼이는 거예요. 그래서 금융 기관들은 주식회사에 돈을 빌려주기 전에 회사가 돈을 갚을 수 있는지를 잘 따져야 한답니다.

신 차가 나왔나 봐요.

그래서 공장 사람들이
밤에도 쉬지 않고 일을 했어요.
그런데도 피곤한 줄 몰랐답니다.

사장님도 웃음이 그치질 않았습니다.

하! 하! 하!
새로 나온 자동차가
정말 잘 팔리는군.
대박이야. 대박!!!

자동차가 많이 팔려 세금을 많이 냈으면 해요.

사장님에게는 세 가지 목표가 있답니다.
돈을 많이 벌어 **주주**들을 기쁘게 하는 것이 하나구요.
사람들에게 **일자리**를 많이 만들어 주고,
월급을 많이 주는 것이 그 다음이구요.
자동차가 많이 팔려 **세금**을 많이 내는 것이 세 번째래요.

경제 알면 재미있어요

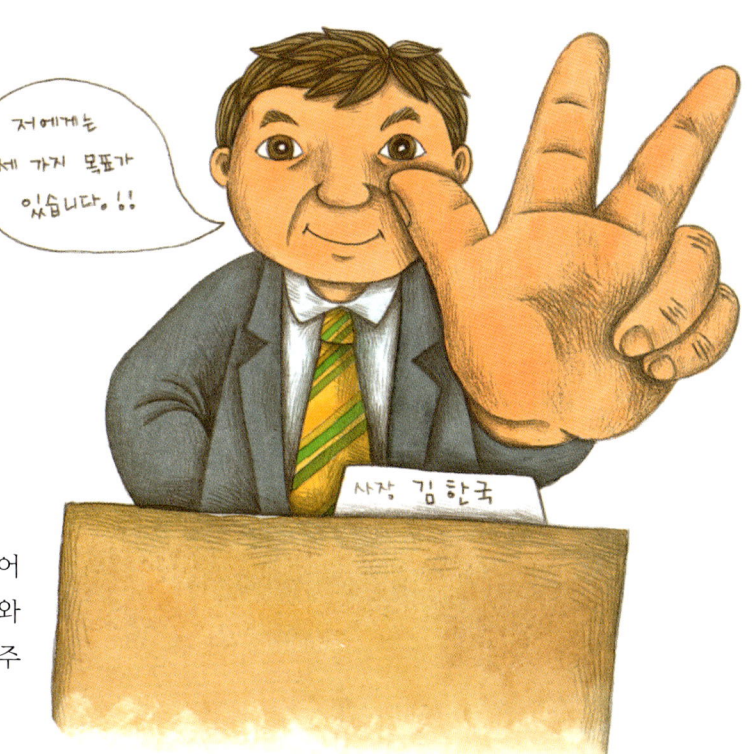

회사는 사회에 어떻게 기여를 하나요?

사람들을 고용해 일자리를 주고, 임금을 주어서 기여하지요. 돈을 벌어 세금을 내서 국가와 지방정부의 살림을 돕습니다. 이윤을 내서 주주들에게 배당 수익을 안겨 줍니다.

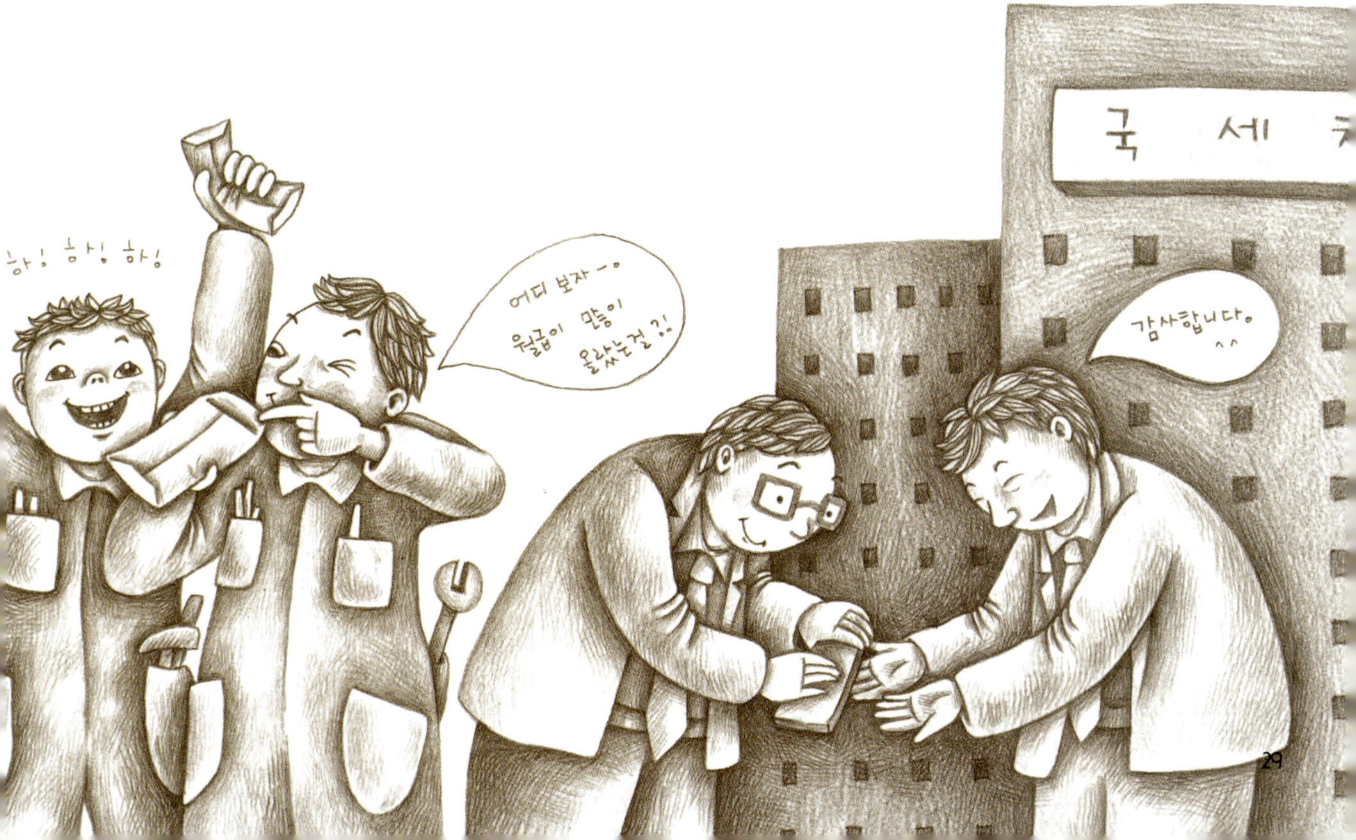

회사를 운영하기란 정말 쉬운 일은 아닌 듯합니다.

"회사 운영하기 참 힘들어."

사장님은 가끔 이렇게 혼잣말로 푸념을 합니다.
제가 보기에도 회사를 운영하기란 정말 쉬운 일은 아닌 듯합니다.
사장님 머리칼엔 하얀 서리가 매일 늘어나니까요.

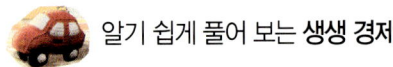

우리도 주식회사를 만들어 볼까요?

어버이날 카네이션 장사를 해 보기로 해요. 먼저 회사를 만들어야겠죠. 주식은 한 장에 500 원씩 팔기로 하죠. 10명이 10만 원을 모았다면, 주식은 200장을 찍었겠군요. 1만 원을 투자한 사람에게는 20주를, 5천 원을 투자한 사람은 10주를 받았군요. 이름은 '카네이션 주식회 사'로 짓자구요. 사장은 공동으로 하기로 하죠.

꽃 장사를 하려면 꽃을 사야겠지요. 꽃을 한 송이에 500원씩 200송이 사기로 해요. 그 다음 엔 팔 사람이 있어야 하는데, 그냥 주주들이 맡아서 일하기로 하죠. 바쁜 일이 있는 사람은 빼 고 5명만 나서기로 해요. 하루만 일을 하기로 하고 일당은 5천 원으로 하는 게 좋겠어요.

꽃 값은 얼마 받을까요? 1,500원씩 받기로 해요. 다른 사람보다 조금 싸게 팔면 더 많이 팔 리겠지요. 얼마나 팔았나요? 180송이나 팔았다구요? 많이 팔았군요. 그럼 돈이 얼마죠? 27 만 원이라구요? 엄청나네요.